BEI GRIN MACHT SICH IHR
WISSEN BEZAHLT

- Wir veröffentlichen Ihre Hausarbeit,
  Bachelor- und Masterarbeit

- Ihr eigenes eBook und Buch -
  weltweit in allen wichtigen Shops

- Verdienen Sie an jedem Verkauf

Jetzt bei www.GRIN.com hochladen
und kostenlos publizieren

Bibliografische Information der Deutschen Nationalbibliothek:

Die Deutsche Bibliothek verzeichnet diese Publikation in der Deutschen National-bibliografie; detaillierte bibliografische Daten sind im Internet über http://dnb.d-nb.de/ abrufbar.

Dieses Werk sowie alle darin enthaltenen einzelnen Beiträge und Abbildungen sind urheberrechtlich geschützt. Jede Verwertung, die nicht ausdrücklich vom Urheberrechtsschutz zugelassen ist, bedarf der vorherigen Zustimmung des Verla-ges. Das gilt insbesondere für Vervielfältigungen, Bearbeitungen, Übersetzungen, Mikroverfilmungen, Auswertungen durch Datenbanken und für die Einspeicherung und Verarbeitung in elektronische Systeme. Alle Rechte, auch die des auszugsweisen Nachdrucks, der fotomechanischen Wiedergabe (einschließlich Mikrokopie) sowie der Auswertung durch Datenbanken oder ähnliche Einrichtungen, vorbehalten.

Impressum:

Copyright © 2018 GRIN Verlag
Druck und Bindung: Books on Demand GmbH, Norderstedt Germany
ISBN: 9783668733480

Dieses Buch bei GRIN:

https://www.grin.com/document/430184

Michèle Hertzsch

Konzepte und Strategien der indivduellen Gesundheitsförderung im Handlungsfeld Ernährung

GRIN Verlag

GRIN - Your knowledge has value

Der GRIN Verlag publiziert seit 1998 wissenschaftliche Arbeiten von Studenten, Hochschullehrern und anderen Akademikern als eBook und gedrucktes Buch. Die Verlagswebsite www.grin.com ist die ideale Plattform zur Veröffentlichung von Hausarbeiten, Abschlussarbeiten, wissenschaftlichen Aufsätzen, Dissertationen und Fachbüchern.

Deutsche Hochschule für
Prävention und Gesundheitsmanagement
Hermann Neuberger Sportschule 3
66123 Saarbrücken

Hausarbeit

Planung einer Präventionsmaßnahme nach dem individuellen Ansatz

Name, Vorname:	Hertzsch, Michèle
Modul:	KSIGF
Studiengang:	WS 15
Datum Präsenzphase:	09.04.-11.04.18
Studienort:	Leipzig
Aufgabe:	**Sie haben die Aufgabe, eine Präventionsmaßnahme in Form eines Kursprogramms in einem der prioritären Handlungsfelder Bewegungsgewohnheiten, Ernährung oder Stressmanagement gemäß den im „Leitfaden Prävention - Gemeinsame und einheitliche Handlungsfelder und Kriterien des GKV-Spitzenverbandes zur Umsetzung von §§ 20 und 20a SGB V vom 21. Juni 2000 in der Fassung vom 9. Januar 2017" definierten Qualitätskriterien zu entwickeln.**

Inhaltsverzeichnis

1 Grundlegende Informationen zur Präventionsmaßnahme

1.1 Bezeichnung des Kursangebotes

Thema der vorliegenden Arbeit ist die „Planung einer Präventionsmaßnahme nach dem individuellen Ansatz". Das Kurskonzept wird über das Handlungsfeld Ernährung sein. Da der GKV-Spitzenverband einige Leitlinien vorgibt, wird das folgende Konzept nach diesen erstellt. Die klaren Kriterien sind von jedem auszuführenden Betrieb bzw. von jeder auszuführenden Person zu beachten, da sie von der Krankenkasse gefördert werden. Das folgende Kurskonzept soll „Bewusst leichter werden" heißen. In diesem soll es letztendlich darum gehen, dass den Probanden bewusst wird, dass „gesund Leben" nicht immer schwer sein muss. „Bewusst leichter" deshalb, da vielen aber erst einmal bewusst gemacht werden muss, was dafür zu tun ist. Wenn das „Bewusste" dann geknackt ist, soll es den Probanden leichter fallen, den Lebensstil zu ändern. Der Titel soll den Kunden schon beim Lesen anregen darüber nachzudenken. „Bewusst" ist ein sehr prägnantes Wort, welches Eindruck verschaffen kann.

Wenn der Kurs dann vollbracht ist, soll der Titel einen bleibenden Eindruck hinterlassen, sodass das Konzept eingehalten wird und somit zur gesundheitlichen Verbesserung beiträgt.

1.2 Handlungsfeld und Präventionsprinzip

Die Präventionsmaßnahme ist dem Handlungsfeld Ernährung zuzuordnen. Nach dem §20 Abs. 1 SGB V handelt es sich hierbei um eine Präventionsmaßnahme. Zwei Präventionsmaßnahmen werden mit in dieses Thema einfließen, da es manchmal schwer ist, beide voneinander zu trennen. Die beiden Prinzipien heißen wie folgt: „Vermeidung und Reduktion von Übergewicht" und „Vermeidung von Mangel- und Fehlernährung".

1.3 Bedarf

Der Bedarf an Konzepten der individuellen Gesundheitsförderung im Bereich Ernährung ist gegeben, da die Bevölkerung immer dicker wird. Dies bestätigte auch die von 2008-2011 durchgeführte erste Welle der „Studie zur Gesundheit Erwachsener in Deutschland" Abgekürzt wird diese „DEGS1" genannt.

Festgestellt wurde, dass 67,1% der Männer und 53,0% der Frauen zwischen dem 18-79 Lebensjahr übergewichtig sind. Vor allem bei den Männern ist der Anstieg von Adipositas deutlich zu erkennen. Laut der BGS waren 18,9% der Männer adipös. In der DEGS1 betraf es dann schon 23,3% der Männer. Bei den Frauen waren in der BGS 22,5% adipös und in der nächsten Studie, der DEGS1, 23,9%. Besonders bei jungen Erwachsenen zeigte sich die Zunahme von Adipositas (Mensink et al., 2013, S. 788ff).

Des Weiteren wurde festgestellt, dass die Übergewichtsprävalenz bei Frauen in allen Altersgruppen mit einem zunehmenden soziökonomischen Status abnimmt. Bei Männern ist dieser Trend nicht zu erkennen. Zu erkennen ist jedoch, dass Frauen und Männer mit zunehmenden sozioökonomischen Status weniger an Adipositas leiden (Mensink et al., 2013, S. 788ff).

So kann gesagt werden, dass der Anteil der Adipösen nicht weiter gestiegen ist, aber auf hohem Niveau stabil geblieben ist (Mensink et al., 2013, S. 790).

Adipositas wird unter anderem mit dem Body Mass Index (BMI) gemessen. Der BMI entspricht dem Quotient aus dem Gewicht und der Körpergröße zum Quadrat (kg/m^2). Mit einem BMI von 25-29,9 kg/m^2 zählt man schon als übergewichtig. Als adipös zählt man mit einem BMI von über 30,0 kg/m^2 (DAG, DDG, DGE, DGEM, 2014, S.15).

Als Ursachen für Adipositas können viele Gründe genannt werden. Zum einen spielt der Lebensstil eine große Rolle. Viele Menschen haben Bewegungsmangel und/oder ernähren sich falsch. So ist die ständige Verfügbarkeit von Nahrung ein großes Problem. Aber auch der Schlafmangel kann zu Adipositas führen, bzw. dazu beitragen (DAG, DDG, DGE, DGEM, 2014, S.17). Auch für das Gesundheitssystem ist die hohe Anzahl der adipösen Menschen von Nachteil. Durch Adipositas werden auch andere Beschwerden und Krankheiten verstärkt. So entstehen bei den Betroffenen schneller Rückenschmerzen und die Gonarthrose sowie die koronare Herzkrankheit treten schneller auf. Das Risiko an Diabetes mellitus, Insulinresistenz oder an einer Fettleber zu erkranken ist bei adipösen sogar 3-fach erhöht (DAG, DDG, DGE, DGEM, 2014, S.20).

1.4 Wirksamkeit

Tabelle 1: Darstellung der Wirksamkeit (eigene Darstellung)

Bibliografischer Nachweis	Interdisziplinäre Leitlinie der Qualität S3 zur „Prävention und Therapie der Adipositas"
Darstellung der zentralen evidenzbasierten Handlungsempfehlungen zur Prävention	Die „Interdisziplinäre Leitlinie der Qualität S3 zur Prävention und Therapie der Adipositas" empfiehlt, sich bedarfsgerecht zu ernähren, sich regelmäßig zu bewegen und das Gewicht regelmäßig zu kontrollieren. Des Weiteren sollten sitzende Tätigkeiten begrenzt werden. Ein wichtiger Punkt ist, dass zur Prävention die Bewegung und/oder gesunde Ernährung am Arbeitsplatz gefördert oder angeboten werden sollte (DAG et al., 2014, S.31). Empfohlen wird ebenfalls, dass der Verzehr von Lebensmitteln mit hoher Energiedichte reduziert, und der Verzehr mit geringer Energiedichte erhöhte werden sollte. Auch die Reduktion von Alkohol, Fastfood und zuckerhaltigen Getränken wird empfohlen (DAG et al., 2014, S.30).
Erläuterung der Bedeutung der Handlungsempfehlungen für die geplante Präventionsmaßnahme	Die Handlungsempfehlungen sind schon die ersten Schritte, um Adipositas entgegen zu wirken. Wichtig ist auch noch, dass sich die Teilnehmer selber motivieren. Den einen fällt es leichter, und die anderen müssen es lernen. Zur Motivation

4

	für den Sport gibt es ein Prozessmodell, das sogenannte Motivations-Volitions-Prozessmodell von Fuchs. Kurz wird es MoVo-Modell genannt. Hier wird unterteilt in die Handlungsiniierung (Motivation) und in die Handlungsaufrechterhaltung (Volition). Wenn es geschafft werden soll, die sportliche Betätigung dauerhaft umzusetzen, dann spielen viele Faktoren mit ein. Folgende Faktoren werden dabei genannt: Konsequenzerwartung, Verhaltenskontrolle, Zielintention, Konsequenzerfahrung und ein Handlungsplan (Schmidt, Al-Dalati, Oertel, 2017, S.52)

1.5 Zielgruppe

Tabelle 2: Darstellung der Zielgruppe (eigene Darstellung)

Soziodemografische Merkmale	Für beide Geschlechter ist die Präventionsmaßnahme wichtig. Zwar sind die Männer mehr davon betroffen, jedoch sollte der Anteil der adipösen Frauen auch nicht aus den Augen verloren werden (Mensink et al., 2013, S. 788ff). Insgesamt sind 67,1% der Männer und 53,0% der Frauen im Alter von 18-79 Jahren übergewichtig. Bei den Frauen zeigt sich zudem eine stetige Zunahme der Übergewichtsprävalenz bis ins hohe Lebensalter. Bei den Männern kann Adipositas hingegen eher in den jungen Lebensjahren festgestellt werden (Mensink et al., 2013, S. 788ff). Aus diesem Grund kann keine direkte Altersangabe dazu gemacht werden. In allen Altersgruppen ist ein Programm als Präventionsmaßnahme auf jeden Fall sinnvoll.
Sozialstatus	Der Anteil der adipösen nimmt mit zunehmenden so-

	zialökonomischen Status ab (Mensink et al., 2013, S. 788ff). Es konnte festgestellt werden, dass es einen Zusammenhang zwischen dem Bildungsstand und dem BMI gibt. Je höher der Bildungsstand ist, desto geringer ist der durchschnittliche BMI. Außerdem wurde festgestellt, dass dies auch für die berufliche Stellung zählt. (Schmidtke, K. & Meyer, S, 2011, S.8). Somit richten sich die Maßnahmen eher an Personen, die sonst nicht die Möglichkeit haben an diesen teilzunehmen. Welche, die eine niedrigere berufliche Stellung und weniger Einkommen haben.
Gesundheitsrisiken-/ belastungen	Bei dieser Präventionsmaßnahme geht es um die Primärprävention. Aus diesem Grund ist dieses Programm vor allem auf gesunde Menschen fokussiert. Gut wäre es, wenn die Präventionsmaßnahme bei den Menschen ankommen würde, die sich wirklich Gedanken machen sollten. Meist ist es so, dass vor allem schon gesundheitsbewusstere Menschen an diesen Programmen teilnehmen. Menschen, die sowieso eine ungesunde Lebensweise führen, sehen oft kein Problem in ihrem Lebensstil.
Kontraindikatoren	Ausschlusskriterien sind sekundäre und syndromale Adipositasformen und psychiatrische Grunderkrankungen bzw. Essstörungen (GKV-Spitzenverband, 2010, S.49).

1.6 Ziele der Maßnahme

Ziel 1: Gewichtsreduzierung

Der Kurs gibt schon die ersten Voraussetzungen, um das eigene Körpergewicht zu reduzieren. 4kg in den 8 Wochen ist ein realistisches Ziel. So muss das Gewicht in jeder Woche um 500g reduziert werden. Zusammen mit den anderen Kursteilnehmern sollte dies in Angriff genommen werden. Gemeinsam kann viel gelernt und ausgetauscht werden und die Motivation sollte hoch sein. Zudem sollen die Kursteilnehmer auch gezielte Fragen an das Fachpersonal stellen können, um so das Ziel zu erreichen.

Ziel 2: Reduktion Bewegungsmangel

Gerade weil die meisten Menschen sich wenig bewegen ist dieses Ziel ein sehr wichtiges. Zudem werden die meisten Tätigkeiten im Sitzen durchgeführt. Die Bewegung, oft auch am Arbeitsplatz, kommt zu kurz. Gerade deshalb sollte damit angefangen werden, sich zu bewegen. Erst können es Spaziergänge sein, damit überhaupt erst einmal eine Veränderung stattfindet, später kann dieses Bewegungsprogramm dann auch geändert werden. Auch hier muss erst ein Bewusstsein geschaffen werden, sodass das Ziel klar wird und es umgesetzt werden kann.

Ziel 3: Verbesserung Ernährungsverhalten

Viele der Teilnehmer wissen leider nicht, was eine gesunde Ernährung ausmacht. So wird es zum Ziel, die Teilnehmer aufzuklären und vor allem auch viel zu erklären. Es soll bewusst gemacht werden, welche Lebensmittel gut verzehrt werden können, und welche in Maßen genossen werden sollten. Das Schaffen eines gesunden Ernährungsverhaltens steht mit an erster Stelle.

2 Inhaltlich-organisatorische Grobplanung des Kursprogramms

Tabelle 3: Inhaltlich-organisatorische Grobplanung des Kursprogramms (eigene Darstellung)

Organisatorische Grobplanung	
Kursinhalte	- Unterstützung und Förderung des bedarfsgerechten Ernährungsverhaltens - Ursachen des Übergewichts finden und entgegenwirken - Selbstkontrolle erlernen - Verbessern des Einkaufsverhaltens - Erlernen von gesundem und bewusstem Kochen
Kursdauer	10 Wochen
Kurseinheiten	Eine Kurseinheit pro Woche von jeweils 90 min
Aufteilung Information/Praxis	7 theoretische Teile, 3 praktische Teile
Teilnehmerzahl	Max. 15 Personen
Benötige Ressourcen	- Beamer - Flipchart - Moderationswand - Seminarraum mit Tischen und Stühlen, sowie eine Küche - Material wie Gesundheitsbücher, Kochbücher, Apps, sowie Handouts und Rezeptvorlagen
Kursleiter	Der Kursleiter sollte einen staatlich anerkannten Studien- oder Berufsabschluss im Bereich Ernährung haben. Eine Zusatzqualifikation nach den Leitlinien des GKV-Spitzenverbandes ist auch zulässig. Zudem sollte ein Nachweis über die Einweisung in das durchzuführende Programm vorliegen (GKV-Spitzenverband, 2010, S.50).
Kursanbieter	Kursanbieter können die sein, die die notwendigen Qualifikationen und Ressourcen haben. Sowohl Privatanbieter, als auch Fitness- oder Gesundheitsstudios können dies sein.

Begründung der Kursinhalte mit Wirksamkeitsnachweis:

Die Förderung der bedarfsgerechten Ernährung ist wichtig. Gerade auch am Arbeitsplatz sollte dies gefördert und auch angeboten werden (DAG et al., 2014, S.31).

Eine bedarfsgerechte Ernährung kann somit auch viel zu Verminderung oder zur Vorbeugung vom Adipositas beitragen (DAG et al., 2014, S.30).

Ebenfalls ist es wichtig, dass die Teilnehmer ein besseres Verständnis für die Bewegung am Arbeitsplatz bekommen sollten. Die Präventionsmaßnahme soll Bewegung am Arbeitsplatz fördern (DAG et al., 2014, S.31).

Die Kursinhalte richten sich unter anderem nach dem GKV Spitzenverband. In diesem sind als Kursinhalte viele wichtige Dinge beschrieben. So auch die Ursachenfindung des Übergewichts und die bedarfsgerechte und gesundheitsfördernde Ernährungsweise. Des Weiteren soll erkannt werden, wie das aktuelle Ernährungsverhalten ist und wie es geändert werden kann. Sehr wichtig ist auch, dass die Teilnehmer lernen sollen, sich selber zu motivieren (GKV Spitzenverband, 2010, S.50).

3 Inhaltlich-methodische Detailplanung des Kursprogramms

Tabelle 4: Inhaltlich-methodische Detailplanung des Kurskonzeptes (eigene Darstellung)

Kurseinheit	Hauptthema der Kurseinheit	Lernziele		Lerninhalte		Umsetzungsaspekte
		Theoretisch	Praktisch	Theoretisch	Praktisch	
1	Einführung in die Thematik	- Allgemeinen Überblick verschaffen - Teilnehmer mit der Thematik vertraut machen - Gewohnheiten über Bewegungs- und Ernährungsverhalten aufzeigen und verdeutlichen - Verdeutlichen, dass es durch falsche Gewohnheiten und Einstellungen gefährlich zu dermaßen gesundheitlichen Problemen kommen kann - Mit positiven Folgen motivieren	- Teilnehmer „führen" - Gute Atmosphäre schaffen - Selbstwirksamkeitserwartung stärken - Steigerung der Zielintension	- Kursverlauf und Thematik vorstellen - Entwicklung von Adipositas in Deutschland aufzeigen - Folgen und Konsequenzen von Adipositas darstellen - Ziele entwickeln - BMI vorstellen	- Teilnehmer stellen sich vor - Der BMI der Teilnehmer wird erfasst - Ziele werden gesetzt	Organisationsform: Präsentation on vor der der Gruppe, sowie Gruppendiskussion Medien: Laptop mit Beamer, Flipchart
2	Förderung der bedarfsgerechten Ernährung	- Erklären, welche Lebensmittel gut und welche nicht optimal sind	- Wissen wiederholen und anwenden	- Ernährungsempfehlungen - Persönlicher Tagesbedarf an Energiezu-	- Kontrolle von Lebensmitteln - Lebensmittelverpackungen studieren	Organisationsform: Präsentation in der Gruppe, sowie Grup-

10

				fuhr und Umsatz	- Wochenplan für nächste Stunde mitgeben (Dokumentation Ernährungsverhalten siehe Anhang)	penarbeit Medien: Beamer, Flipchart, Moderationswand
3	Förderung der bedarfsgerechten Ernährung	- Vertiefung der bedarfsgerechten Ernährung - Beantwortung aufgekommener Fragen	- Wissen anwenden können	- Vertiefung - Aufgekommene Fragen klären - Wochenplan kontrollieren	- Nochmalige Kontrolle Lebensmittelverpackungen	Organisationsform: Präsentation in der Gruppe, sowie Gruppenarbeit Medien: Beamer, Flipchart, Moderationswand
4	Ursachen von Übergewicht	- Verantwortungsbewusstsein schaffen	- Wege der Selbstkontrolle aufzeigen	- Ursachen von Übergewicht - Ziele setzen, um Verbesserung zu erzielen - Motivationen einbauen	- Pläne erstellen, um Ursachen entgegen zu wirken - Wochenprotokoll auswerten	Organisationsform: Präsentation in der Gruppe, sowie Gruppenarbeit Medien: Beamer, Flipchart, Moderationswand
5	Einkauf im Alltag	- Motivation für gesundes Einkaufen herstellen	- Protokoll für Selbstüberwachung erstellen	- Erklärung Inhalte Lebensmittelverpackungen	- Selbst einen Einkauf tätigen lassen - Einkäufe gemeinsam auswerten	Organisationsform: Präsentation, Gruppenarbeit, gemeinsamer Einkauf Medien: Flipchart, Moderati-

Nr.	Thema				Organisationsform / Medien / Hilfsmittel
					onswand, Beamer
6	Kochen im Alltag	- Kunden ein Bewusstsein vermitteln, was für den alltäglichen Verbrauch an Lebensmitteln ausreicht	- Ziel ist es, dass der Kunde nahezu problemlos weiß, was gut ist und wie viel davon - Zudem ist es wichtig, dass sein Selbstvertrauen gestärkt wird oder ist	- Bewusstsein schaffen für die richtige Menge - Bewusstsein schaffen für die richtige Zubereitung	- Gemeinsames kochen - Individuell festlegen, was die richtige Menge für gewählte Zutaten ist	Organisationsform: Präsentation, Gruppenarbeit Medien: Flipchart, Moderationswand, Beamer Hilfsmittel: Lebensmittel, Küche
7	Bewegung im Alltag	- Bewusstsein schaffen, wie Bewegung im Alltag aussehen sollte	- Ziel ist es, dass der Kunde ein Gefühl dafür bekommt, wie viel Bewegung sein muss - Er soll sich selber motivieren können und sich immer eigene Ziele setzen	- Erklärung wie viel Bewegung notwendig ist - Bewusstsein für Bewegung schaffen - Motivieren, dass Bewegung gut ist und Spaß machen kann - Erklären, wie sich kleine Ziele gesetzt werden können	- Ziele der Kunden setzen lassen - Jeder soll einige seiner Bewegungsziele im Alltag nennen, so entsteht mehr Motivation für die anderen - Plan für Bewegung im Alltag erstellen lassen und gemeinsam kontrollieren	Organisationsform: Gruppenarbeit, sowie Präsentation, praktische Durchführung Medien: Flipchart, Moderationswand, Beamer Hilfsmittel: Theraband, Pezziball
8	Bewegung im Alltag Teil 2	- Bewusstsein vertiefen	- Ziel ist es, dass der Kunde das Gefühl ver-	- Die theoretischen Lerninhalte sollen in		Organisationsform: Gruppen-

			tieft, welches Ausmaß an Bewegung angemessen ist - Es soll für ihn einfach sein, sich zu motivieren - Er soll einfach bewusster mit dem in der letzten Stunde gelernten Material und Informationen umgehen können	dieser Stunde weiter vertieft werden		arbeit, sowie Präsentation, praktische Durchführung Medien: Flipchart, Moderationswand, Beamer Hilfsmittel: Theraband, Pezziball
9	Barrieren-management	- Ziel ist es, Barrieren zu finden, die da sind, um Gegenmaßnahmen entwickeln zu können	- Ziel ist es, das die eigenen Barrieren erkannt werden - Barrieren sollen nicht zum Scheitern da sein, der Kunde soll sie bewältigen können, ohne das er sein Ziel vor Augen verliert	- Innere und äußere Barrieren werden erklärt - „Wie wird mit Barrieren umgegangen?"	- Barrieren durchführen oder aufführen, die entstehen könnten - Strategien entwickeln, um Barrieren zu überwinden	Organisationsform: Präsentation und Partnerarbeit Medien: Flipchart, Moderationswand, Beamer
10	Wiederholung und Vertiefung	- Inhalte kurz und knapp durchgehen, schauen ob sie verstanden wurden	- Übermittelte Kenntnisse sollen verstanden worden sein	- Wiederholung und Vertiefung aller durchgesprochenen Themen	- Probleme und Fragen klären	Organisationsform: Präsentation und Befragungsrunde Medien: Flipchart, Moderationswand, Beamer

13

4   Dokumentation und Evaluation des Kursprogramms

Tabelle 5: Kursevaluation (eigene Darstellung)

Übergeodnetes Kursziel	Messbares Interventionsziel	Zielindikator	Erhebungsmethode	Erhebungsinstrument	Messzeitpunkte
Gewichtsreduzierung	Gewichtsreduktion um 4kg in 8 Wochen	Absoluter Körpergewichtsverlust in kg	Durch Wiegen	Personenwaage / digital und kalibriert	t_0 = erste Kurseinheit t_1 = letzte Kurseinheit
Reduktion Bewegungsmangel	Steigerung der körperlichen Aktiviät auf 150 min pro Woche	Zeit der körperlichen Aktivität in Minuten pro Woche	Durch eine schrifliche Befragung	Fragebogen zum Bewegungs- und Ernährungsverhalten (siehe Anhang)	t_0 = erste Kurseinheit t_1 = letzte Kurseinheit
Verbesserung Ernährungsverhalten	Verbesserung der Antworten in eine positive Richtung um 2 Skalenpunkte	Antwort auf der Skala in dem Fragebogen	Durch eine schrifliche Befragung	Fragebogen zum Bewegungs- und Ernährungsverhalten (siehe Anhang)	t_0 = erste Kurseinheit t_1 = letzte Kurseinheit

5 Literaturverzeichnis

Deutsche Adipositas-Gesellschaft (DAG) e.V., Deutsche Diabetes Gesellschaft (DDG), Deutsche Gesellschaft für Ernährung (DGE) e.V. & Deutsche Gesellschaft für Ernährungsmedizin (DGEM) e.V. (2014). *Interdisziplinäre Leitlinie der Qualität S3 zur „Prävention und Therapie von Adipositas".* Zugriff am 26.04.2018. Verfügbar unter http://www.adipositas-gesell-schaft.de/fileadmin/PDF/Leitlinien/S3_Adipositas_Praevention_Therapie_2014.pdf

GKV-Spitzenverband (2010). *Leitfaden Prävention: Handlungsfelder und Kriterien des GKV-Spitzenverbandes zur Umsetzung von §§ 20 und 20a SGB V vom 21. Juni 2000 in der Fassung vom 27. August 2010.* Berlin: GKV-Spitzenverband.

Göhner, W. & Fuchs, R. (2007). *Änderung des Gesundheitsverhaltens.* Göttingen: Hogrefe.

Mensink, G.B.M., Schienkiewitz, A., Haftenberger, M., Lampert, T., Ziese, T. & Scheidt-Nave, C. (2013). Übergewicht und Adipositas in Deutschland [Elektronische Version]. *Bundsgesundheitsblatt,* 56 (5-6), S. 786-794.

Oertel, V. & Matura, S. (2017). Bewegung und Sport gegen Burnout, Depressionen und Ängste. Deutschland: Springer-Verlag

6   Tabellenverzeichnis

6.1 Tabellenverzeichnis

Anhang

Anhang 1

<u>Fragebogen zum Bewegungsverhalten</u>

Name: Datum:
Kurseinheit:

Fragen	Trifft nicht zu (1)	Trifft eher nicht zu (2)	Teils / teils (3)	Trifft eher zu (4)	Trifft zu (5)
1. Statt dem Fahrstuhl nehme ich auch mal die Treppen					
2. In einer Woche bin ich mehr als 150 min körperlich aktiv					
3. Statt dem Auto nutze ich auch mal das Rad oder gehe zu Fuß					
4. Ich mache kleine Spaziergänge und die frische Luft tut mir gut					
5. Ich möchte mein Bewegungsverhalten ändern					
6. Ich habe die Möglichkeit, mich am Arbeitsplatz zu bewegen					
7. Ich möchte mein Bewegungsausmaß erhöhen					
8. Ich weiß, welches Ausmaß an Bewegung für mich optimal ist					
9. Durch geführte Kurse erhoffe ich mir mehr zu lernen					
10. Ich bin motiviert					

Abbildung 1: Fragebogen zum Bewegungsverhalten (eigene Darstellung)

Name: Datum:
Kurseinheit:

Fragen	Trifft nicht zu (1)	Trifft eher nicht zu (2)	Teils / teils (3)	Trifft eher zu (4)	Trifft zu (5)
1. Eine gesunde Ernährung verhilft mir zu mehr Lebensenergie					
2. Ich verfolge eine ausgewogene Ernährung					
3. Ich esse viel Gemüse					
4. Ich esse regelmäßig					
5. Ich lasse mir stets Zeit zum Essen und schlinge nicht					
6. Ich trinke überwiegend Wasser und vermeide zuckerhaltige Getränke					
7. Beim Einkauf bin ich achtsam und schaue auch, was in den Lebensmitteln enthalten ist					
8. Ich kann einschätzen, welche Lebensmittel gut und welche nicht so gut sind					
9. Ich esse meist nur, wenn ich wirklich Hunger habe					
10. Nach dem Essen habe ich immer noch Hunger					
11. Ich nasche oft zwischendurch					
12. Statt Süßigkeiten oder Chips etc., esse ich auch mal einen Apfel					
13. Vollkornprodukte sind in meiner Ernährung ebenfalls enthalten					
14. Ich achte darauf, genügend Ballaststoffe zu mir zu nehmen					
15. Ich esse nur wenig Fast Food					

Abbildung 2: Fragen zum Ernährungsverhalten (eigene Darstellung)

Anhang 2

Wochenplan Ernährungsverhalten

Wochen-tag	Dokumentation Frühstück	Dokumentation Mittag	Dokumentation Abendessen	Zwischenmahlzeiten	Gefühl während den Mahlzeiten Gefühl vor den Mahlzeiten (großer Hunger oder Appetit?) Einschätzung, ob Verhalten gut oder schlecht war Gründe für eventuelle schlechte Ernährung Sonstige Anmerkungen
Tag 1					
Tag 2					
Tag 3					

Tag 4					
Tag 5					
Tag 6					
Tag 7					

Abbildung 3: Wochenplan Ernährungsanalyse (eigene Darstellung)

BEI GRIN MACHT SICH IHR WISSEN BEZAHLT

- Wir veröffentlichen Ihre Hausarbeit,
  Bachelor- und Masterarbeit

- Ihr eigenes eBook und Buch -
  weltweit in allen wichtigen Shops

- Verdienen Sie an jedem Verkauf

Jetzt bei www.GRIN.com hochladen
und kostenlos publizieren